EVROPA

EVA REDEN

Herausgegeben von Sabine Groenewold

Band 2

GOETHE

Zum Shakespeares-Tag 1771

Mit einem Essay von

KLAUS SCHRÖTER

Europäische Verlagsanstalt

Die Rede: Kunst
der öffentlichen Einmischung und
gesellschaftlichen Willensbildung. Kunstform,
in der Pathos und Vernunft, Leidenschaft und Gewalt,
Freiheit und Abhängigkeit eine beunruhigende
und ideale Verbindung eingehen, in der Innen
und Außen, Überzeugung und Überredung
zur Einheit gebracht sind und
Wandel bewirken.

INHALT

GOETHE

Zum Shakespeares-Tag 1771

Mir kommt vor, das sei die edelste von unsern Empfindungen, die Hoffnung, auch dann zu bleiben, wenn das Schicksal uns zur allgemeinen Nonexistenz zurückgeführt zu haben scheint. Dieses Leben, meine Herren, ist für unsre Seele viel zu kurz, Zeuge, daß jeder Mensch, der geringste wie der höchste, der unfähigste wie der würdigste, eher alles müd' wird als zu leben; und daß keiner sein Ziel erreicht, wornach er so sehnlich ausging – denn wenn es einem auf seinem Gange auch noch so lang' glückt, fällt er doch endlich, und oft im Angesicht des gehofften Zwecks, in eine Grube, die ihm, Gott weiß wer, gegraben hat, und wird für nichts gerechnet.

Für nichts gerechnet! Ich! Der ich mir alles bin, da ich alles nur durch mich kenne! So ruft jeder, der sich fühlt, und macht große Schritte durch dieses Leben, eine Bereitung für den unendlichen Weg drüben. Freilich jeder nach seinem Maß. Macht der eine mit dem stärksten Wandertrab sich auf, so hat der andre Siebenmeilenstiefel an, überschreitet ihn, und zwei Schritte des letzten bezeichnen die Tagreise des ersten. Dem sei, wie ihm wolle, dieser emsige Wandrer bleibt unser Freund und unser Geselle, wenn wir die gigantischen Schritte jenes anstaunen und ehren, seinen Fußtapfen folgen, seine Schritte mit den unsrigen abmessen.

Auf die Reise, meine Herren! die Betrachtung so eines einzigen Tapfs macht unsre Seele feuriger und größer als das Angaffen eines tausendfüßigen königlichen Einzugs.

Wir ehren heute das Andenken des größten Wandrers und tun uns dadurch selbst eine Ehre an. Von Verdiensten, die wir zu schätzen wissen, haben wir den Keim in uns.

Erwarten Sie nicht, daß ich viel und ordentlich schreibe, Ruhe der Seele ist kein Festtagskleid; und noch zur Zeit habe ich wenig über Shakespearen gedacht; geahndet, empfunden, wenn's hoch kam, ist das höchste, wohin ich's habe bringen können. Die erste Seite, die ich in ihm las, machte mich auf zeitlebens ihm eigen, und wie ich mit dem ersten Stücke fertig war, stund ich wie ein Blindgeborner, dem eine Wunderhand das Gesicht in einem Augenblicke schenkt. Ich erkannte, ich fühlte aufs lebhafteste meine Existenz um eine Unendlichkeit erweitert, alles war mir neu, unbekannt, und das ungewohnte Licht machte mir Augenschmerzen. Nach und nach lernt' ich sehen, und, Dank sei meinem erkenntlichen Genius, ich fühle noch immer lebhaft, was ich gewonnen habe.

Ich zweifelte keinen Augenblick, dem regelmäßigen Theater zu entsagen. Es schien mir die Einheit des Orts so kerkermäßig ängstlich, die Einheiten der Handlung und der Zeit lästige Fesseln unsrer Einbildungskraft. Ich sprang in die freie Luft und fühlte erst, daß ich Hände und Füße hatte. Und jetzo, da ich sahe, wie viel Unrecht mir die Herrn der Regeln in ihrem Loch angetan haben, wie viel freie Seelen noch drinne sich krümmen, so wäre mir mein Herz geborsten, wenn ich ihnen nicht Fehde angekündigt hätte und nicht täglich suchte, ihre Türme zusammenzuschlagen.

Das griechische Theater, das die Franzosen zum Muster nahmen, war nach innrer und äußerer Beschaffenheit so, daß eher ein Marquis den Alcibiades nachahmen könnte, als es Corneillen dem Sophokles zu folgen möglich wär'.

Erst Intermezzo des Gottesdiensts, dann feierlich politisch, zeigte das Trauerspiel einzelne große Handlungen der Väter dem Volk mit der reinen Einfalt der Vollkommenheit, erregte ganze, große Empfindungen in den Seelen, denn es war selbst ganz und groß.

Und in was für Seelen!

Griechischen! Ich kann mich nicht erklären, was das heißt, aber ich fühl's und berufe mich der Kürze halber auf Homer und Sophokles und Theokrit, die haben's mich fühlen gelehrt.

Nun sag' ich geschwind hintendrein: »Französchen, was willst du mit der griechischen Rüstung, sie ist dir zu groß und zu schwer.«

Drum sind auch alle französche Trauerspiele Parodien von sich selbst.

Wie das so regelmäßig zugeht, und daß sie einander ähnlich sind wie Schuhe und auch langweilig mitunter, besonders in genere im vierten Akt, das wissen die Herren leider aus der Erfahrung, und ich sage nichts davon.

Wer eigentlich zuerst drauf gekommen ist, die Haupt- und Staatsaktionen aufs Theater zu bringen, weiß ich nicht, es gibt Gelegenheit für den Liebhaber zu einer kritischen Abhandlung. Ob Shakespearen die Ehre der Erfindung gehört, zweifl' ich: genung, er brachte diese Art auf den Grad, der noch immer der höchste geschienen hat, da so wenig Augen hinaufreichen, und also schwer zu hoffen ist, einer könne ihn übersehen oder gar übersteigen.

Shakespeare, mein Freund, wenn du noch unter uns wärest, ich könnte nirgend leben als mit dir, wie gern wollt' ich die Nebenrolle eines Pylades spielen, wenn du Orest wärst, lieber als die geehrwürdigte Person eines Oberpriesters im Tempel zu Delphos.

Ich will abbrechen, meine Herren, und morgen weiter schreiben, denn ich bin in einem Ton, der Ihnen vielleicht nicht so erbaulich ist, als er mir von Herzen geht.

Shakespeares Theater ist ein schöner Raritätenkasten, in dem die Geschichte der Welt vor unsern Augen an dem unsichtbaren Faden der Zeit vorbeiwallt. Seine Plane sind, nach dem gemeinen Stil zu reden, keine Plane, aber seine Stücke drehen sich alle um den geheimen Punkt (den noch kein Philosoph gesehen und bestimmt hat), in dem das Eigentümliche unsres Ichs, die prätendierte Freiheit unsres Wollens, mit dem notwendigen Gang des Ganzen zusammenstößt. Unser verdorbner Geschmack aber umnebelt dergestalt unsere Augen, daß wir fast eine neue Schöpfung nötig haben, uns aus dieser Finsternis zu entwickeln.

Alle Franzosen und angesteckte Deutsche, sogar Wieland haben sich bei dieser Gelegenheit wie bei mehreren wenig Ehre gemacht. Voltaire, der von jeher Profession machte, alle Majestäten zu lästern, hat sich auch hier als ein echter Thersit bewiesen. Wäre ich Ulysses, er sollte seinen Rücken unter meinem Szepter verzerren.

Die meisten von diesen Herren stoßen auch besonders an seinen Charakteren an.

Und ich rufe: Natur! Natur! nichts so Natur als Shakespeares Menschen.

Da hab' ich sie alle überm Hals.

Laßt mir Luft, daß ich reden kann!

Er wetteiferte mit dem Prometheus, bildete ihm Zug vor Zug seine Menschen nach, nur in *kolossalischer Größe*; darin liegt's, daß wir unsre Brüder verkennen; und dann belebte er sie alle mit dem Hauch *seines* Geistes, er redet aus allen, und man erkennt ihre Verwandtschaft.

Und was will sich unser Jahrhundert unterstehen,

von Natur zu urteilen? Wo sollten wir sie her kennen, die wir von Jugend auf alles geschnürt und geziert an uns fühlen und an andern sehen. Ich schäme mich oft vor Shakespearen, denn es kommt manchmal vor, daß ich beim ersten Blick denke, das hätt' ich anders gemacht! Hintendrein erkenn' ich, daß ich ein armer Sünder bin, daß aus Shakespearen die Natur weissagt, und daß meine Menschen Seifenblasen sind, von Romanengrillen aufgetrieben.

Und nun zum Schluß, ob ich gleich noch nicht angefangen habe.

Das, was edle Philosophen von der Welt gesagt haben, gilt auch von Shakespearen, das, was wir bös nennen, ist nur die andre Seite vom Guten, die so notwendig zu seiner Existenz und in das Ganze gehört, als Zona torrida brennen und Lappland einfrieren muß, daß es einen gemäßigten Himmelsstrich gebe. Er führt uns durch die ganze Welt, aber wir verzärtelte, unerfahrne Menschen schreien bei jeder fremden Heuschrecke, die uns begegnet: »Herr, er will uns fressen.«

Auf, meine Herren! trompeten Sie mir alle edle Seelen aus dem Elysium des sogenannten guten Geschmacks, wo sie schlaftrunken in langweiliger Dämmerung halb sind, halb nicht sind, Leidenschaften im Herzen und kein Mark in den Knochen haben und, weil sie nicht müde genug zu ruhen und doch zu faul sind, um tätig zu sein, ihr Schattenleben zwischen Myrten und Lorbeergebüschen verschlendern und vergähnen.

KLAUS SCHRÖTER

Johann Wolfgang von Goethe: Zum Shakespeares-Tag

> The poet's eye, in a fine frenzy rolling,
> Doth glance from heaven to earth, from earth to heaven;
> And, as imagination bodies forth
> The forms of things unknown, the poet's pen
> Turns them to shapes, and gives to airy nothing
> A local habitation and a name.
>
> *Midsummer Night's Dream [V,1]*
>
> Motto auf der Titelseite von
> The Beauties of Shakespeare.
> By the Rev. William Dodd, LL. D.

Goethe war zweiundzwanzig Jahre alt, als er seine Rede William Shakespeare zu Ehren vortrug. Das geschah am 14. Oktober 1771, dem protestantischen Namenstags Wilhelms, und fand in Goethes Elternhaus im Großen Hirschgraben in Frankfurt am Main statt.

Shakespeare und alles Schauspiel überhaupt hatte im 18. Jahrhundert nicht die Geltung, die es heute hat. Deutschlands Städte und Fürsten waren nach dem Dreißigjährigen Krieg noch zu arm, um sich ein stehendes Theater leisten zu können. Die Kultur des Schauspiels stand weithin auf dem spätmittelalterlichen Niveau der Gaukler, Springer, Seiltänzer und Musikanten, wie sie – verstärkt durch die zuwandernden Komödianten aus England an der Wende vom 16. zum 17. Jahrhundert – Goethe in seinem theatergeschichtlichen Abriß in »Wilhelm Meisters theatralischer Sendung« schildert. Ihre derben Possen hatten 1737 zur Verbannung des Hans Wurst aus dem ernsthaften Theater geführt; das Stegreifspiel widersprach dem regelmäßigen Drama.

Unter dessen Einwirkungen aber war Goethe herangewachsen. Er hat den barocken Alexandriner noch als Versmaß genutzt, so wie er ihm aus Gottscheds sechsbändiger »Deutscher Schaubühne nach den Regeln der Griechen und Römer eingerichtet« (1740–45) vertraut, ja seit den Knabenjahren der französischen Besatzungszeit in Frankfurt durch Tragödien-Aufführungen und besonders durch eigene Deklamationen aus »dem Racine«, dann auch der Lektüre Corneilles – die Werke beider fand er in der Bibliothek des Vaters – geläufig war. Sein Drama »Belsazar« von 1765 nutzte durch vier Akte das barocke Versmaß – und auch das Thema von der Überhebung von Nebukadnezars Sohn gegen Gott und seinem Fall vor einem politischen Gegner war so exemplarisch barock-klassizistisch gedacht wie die gleichzeitigen Unternehmungen eines Joseph-Epos und einer Dichtung »Der Thronfolger Pharaos«. In allen verschränkten sich Heilsgeschichte und Historie und legitimierten sich gegenseitig. Der fünfte Akt des »Belsazar« war verfaßt im »Versmaß, das der Brite braucht, wenn er / Auf dem Coturn im Trauerspiele geht« (an Cornelia, 7. Dezember 1765). So verbindet schon der Sechzehnjährige Ausdrucksformen des französischen Klassizismus mit denen des Elisabethanischen Theaters. Und dabei ist Goethe sein Leben lang geblieben. Denn die Begegnung mit Shakespeare hat die Befassung mit der französischen Klassik nie ausgelöscht.

Shakespeares Ansehen und Geltung waren in England stets ungebrochen geblieben. Seit Richard Burton in »The Anatomy of Melancholy« (1621) ihn als »an elegant Poet of ours« zitiert hat, seit den Elogen seiner Freunde in der First Folio-Ausgabe (1623), seit Dryden ausdrücklich die berühmt gewordene Einschränkung Ben Jonsons zu Shakespeares Belesenheit oder Gelehrsamkeit: er habe nur über »small Latin and less Greek« verfügt, in einem Prolog zu »Troilus and Cressida« (1679) zurückgewiesen hatte, war Shakespeares Nachruhm gesichert. Auch das Theaterverbot der Puritaner in der Mitte des 17. Jahrhunderts – ausgesprochen, als Molière sein »Illustre Théâtre«, den Vorläufer der Comédie Française, gründete – änderte daran nichts. Im 18. Jahrhundert begannen die kritischen Shakespeare-Ausgaben zu erscheinen: 1709 die sechsbändige von Nicolas Rowe, 1725 die gleichfalls sechsbändige von Alexander Pope (^{2}1728 achtbändig); von ihnen beiden war die erste umfangreiche deutsche Ausgabe Shakespearescher Dramen abhängig, die, von Christoph Martin Wieland übersetzt, in acht Bänden 1762–66 erschien. Sie enthielt im ersten Band Popes Würdigung Shakespeares und im achten »Nachrichten von den Lebensumständen des Herrn William Shakespeare«, eine gekürzte Fassung von Rowes Biographie. Die englische zweite Ausgabe Rowes und Wielands Shakespeare standen Goethe in der Bibliothek seines Vaters ebenso zur Verfügung wie die französischen Klassiker.

So lag originäres Material für Goethes Shakespeare-Studien bereit. Aber der Anstoß, sich mit dem großen englischen Dramatiker zu beschäftigen, kam aus der allgemeinen Kulturkritik der Zeit. Und diese sprach nur aus, daß die kulturelle Vorherrschaft Frankreichs der des Weltimperiums England zu weichen begann – ein Vorgang, der als Industrielle Revolution während Goethes gesamter Lebenszeit (trotz und neben der Französischen Revolution und Napoleon) bestimmend bleiben sollte. In diesen europäischen Verschiebungen unter den Nationalstaaten begann auch auf dem durch Kleinstaaterei zerstückelten deutschen Territorium eine Suche nach und Besinnung auf eigene deutsche Traditionen. Unser Jahrhundert der Reformation wurde zum Quellpunkt solcher Betrachtungen; Shakespeare wurde so zum wortgewaltigsten Zeugen jener Epoche und Goethe der mächtigste Eideshelfer am Ausgangspunkt dieses Prozesses, der die sogenannten Schulen des »Sturm und Drang«, der »Deutschen Klassik«, »Romantik« und der »Jung-Deutschen« gleichermaßen umfaßte. In diesem Prozeß hat Deutschland von Lessing bis Hegel weit mehr zum Verständnis Shakespeares beigetragen als angelsächsische oder romanische Gelehrte und Kritiker. In Deutschland wurde ein volles Kunstverständnis von Shakespeares Werk stufenweise erreicht. England schätzte zwar den Poeten und Beobachter aller menschlichen Empfindungen und Handlungen, beachtete aber weniger sein theatralisches Können, seine kunstvolle Dramaturgie.

Unter den bedeutenden Kritikern Shakespeares im 18. Jahrhundert war es Voltaire, der – wie Wieland gestützt auf Rowe und Pope – in seinen in England verfaßten »Lettres sur les Anglais« (1734) Shakespeare auf dem Kontinent sozusagen einführte: Alle deutschen Kritiker setzten sich mit Voltaires Urteil auseinander; und dieses Urteil war, so günstig es auch ausfiel, doch geprägt durch den zentralistisch-absolutistischen Geschmackskanon, der das regelrechte Drama der Drei Einheiten (die Voltaire auch in seinen Tragödien befolgte) über alle anderen Vorzüge Shakespeares stellte: »Il avoit une génie plein de force et de fécondité, de naturel et de sublime, sans la moindre étincelle de bon goût, et sans la moindre connaissance des règles.« Wielands Urteil lautete nicht anders. Goethe verübelte ihm das, so wie er gegenüber seinem Leipziger Lehrer

Friedrich Adam Oeser frühzeitig auch Voltaires Urteil abgewehrt hatte: »Voltaire hat dem Shakespeare keinen Tort tun können, kein kleinerer Geist wird einen größern überwinden.« (Brief vom 14. Februar 1769).

Es waren Lessing und Herder, die Shakespeare aus seinen historischen Bedingungen erklärten und gegen, ja über den aristotelischen Kanon der dramatischen Einheiten und damit über das französische klassizistische Theater setzten. Über Popes Deutung allerdings sind sie alle nicht hinausgelangt. Doch lange ehe Goethe durch seine persönliche Freundschaft zu Herder in Straßburg 1770/71 die Argumentationsreihen dieser herausragenden Kritiker kennenlernte, war ihm ein Anreiz zur Shakespeare-Lektüre ganz eigener Art zugekommen: die umfangreiche Anthologie »The Beauties of Shakespeare« des Reverend William Dodd (1752). Goethe besaß sie zu Ostern 1766. Sowie er sie zur Hand hatte, schrieb er seiner Schwester, der Kommilitonin seiner Studien, der »großen Engländerin«, wie er sie unter dem 17. Januar 1765 angeredet hatte, einige hübsche Verse aus »As You Like it«, »All's Well that Ends Well«, »Love's Labours Lost« und aus dem »Merchant of Venice« ab (Briefe vom 11.–31. Mai und vom 27. September–18. Oktober 1766).

Sie fügten sich leicht den eigenen poetischen Tändeleien der Leipziger Zeit ein. – Der Anreiz durch

Dodds Blütenlese war so stark, weil Goethe zeitlebens selten die Geduld hatte, Bücher durch- und auszulesen, wie er mehrfach bekannt hat, am bündigsten gegenüber Charlotte von Stein unterm 9. November 1785.

Seit der Bekanntschaft mit Dodd wird die Lektüre Shakespeares fortgesetzt. Im Mai 1767 wird »Romeo and Juliet« erwähnt, im Oktober Shakespeares »Allegorien«, und im selben Monat zitiert er dem Freund Ernst Wolfgang Behrisch aus »Hamlet«: »Schwachheit dein Name ist *Weib*.« 1769 geht die Selbstdarstellung des Autolicus aus dem »Winter's Tale« samt einigen Versen und Wendungen aus Shakespeare in »Die Mitschuldigen« ein. In den »Ephemerides« (persönliche Studienhefte von 1770/71) notiert Goethe Stellen aus »The Tragedy of King Richard II«, »The Life and Death of King John«. Im Sommer 1771 widmet er »seinem und Shakespeares würdigem Freund« Franz Christian Lerse ein Exemplar des »Othello, The Moor of Venice«. Goethes Bekenntnis gegenüber Philipp Erasmus Reich: »Nach Oeser und Shakespeare ist Wieland noch der einzige, den ich für meinen echten Lehrer erkennen kann«, ist reichlich begründet (Brief vom 20. Februar 1770). Und äußere Zeugnisse von Herder, Jung-Stilling, dem Aktuarius Salzmann treten hinzu, Goethes Bemühung um die Aneignung Shakespeares vor dem Herbst 1771 zu dokumentieren.

Außerdem hatte die Feier zum Shakespeare-Tag

in Goethes Elternhaus ein unmittelbares Vorbild: 1769 war in Shakespeares Geburtsstadt Stratford-on-Avon ein gewaltiges dreitägiges Fest zu Shakespeares Ehren und Gedenken veranstaltet worden. Der Anlaß war ein neues Rathaus, das 1768 dort errichtet ward. Die Stadt feierte sich selbst im Namen eines ihrer reichen, erfolgreichen grundbesitzenden Bürger, der, verklärt zum »Swan of Avon«, in den höchsten Ruhmeshimmel der Menschheit aufgestiegen war. Die Feier fand europäischen Widerhall. Es muß ein bißchen wie in »merry old England« hergegangen sein: Am 6. September gab es einen Umzug mit Jungfrauen, Honoratioren und angereisten Schaulustigen, der bekannte Shakespeare-Darsteller David Garrick empfing ein Shakespeare-Medaillon, und der ganze Umtrieb bewegte sich zwischen Gemeindekirche und Rathaus. Am 7. September hielt Garrick eine Rede. Am 8. September fand ein Pferderennen statt. Zwischendurch wurde eine »Warwickshireballad« gesungen, in der Shakespeare in allen sechs Strophen als »lad of all lads«, »wit of all wits«, »Will of all Wills«, »man of all men«, »wag [Wildfang] of all wags« und »thief of all thieves« gebührend gerühmt wurde: »Of all she was worth he robb'd *Nature*«!

Dies war Popes Schlüsselwort in seiner Shakespeare-Deutung, und Garrick entfaltete es in seiner Rede: Shakespeare war »the poet of nature, and, therefore, as author highest«. Dabei wurde unter

Natur nach mittelalterlichen und Renaissance-Traditionen weit mehr verstanden als ein heutiger entweder sentimentaler oder verdinglichter Natur-Begriff umschließt: Die Natur war die gesamte sublunare Welt, das Aktionsfeld des Menschen inmitten der Elemente, der Naturgeister, der Bestimmung durch die Sterne und durch die Mischung seines Temperaments eingebettet in die gesellschaftliche Schichtung. Wenn es in Popes Vorrede – nach dem Abdruck bei Wieland – hieß: Shakespeares »Characters sind so sehr die Natur selbst ... jeder einzelne Character eben so individual als im Leben selbst«, so entwickelt auch Garrick gradezu eine Soziologie der Dramengestalten Shakespeares: »They have character, not merely from the passions and understanding, but from situation and habit.« Dies war die Linie, auf der Herder, Lerse und Jacob Michael Reinhold Lenz ihr historisches Verständnis Shakespeares fortentwickelten. Garrick begann seine Rede mit dem Satz »The only science of mankind is man«, den er Popes »Essay on Man« (1733) entlehnte. Wir wissen, welch zunehmende Bedeutung dieser Leitsatz in Goethes Denken gewann bis zu dem Diktum in den »Wahlverwandtschaften«: »das eigentliche Studium der Menschheit ist der Mensch«, und auch weiterhin. Solche Kenntnisse eröffnete ihm Shakespeare und dessen Welt und Nachwelt. – Ein ausführlicher Bericht über Garricks Stratforder Feier von 1769 war dem ersten

Band von Wielands Shakespeare-Übersetzung in des Vaters Bibliothek eingebunden. Er trug den handschriftlichen Quellenvermerk: »tiré du Mercure de France du mois Décembre 1769«.

So summierte sich schon in den Jahren vor der Straßburger Begegnung mit Herder für Goethe dies und das an Wissen und Einsicht in Shakespeares Werk, ehe er zu seiner umgreifenden Huldigung von 1771 ansetzte. Ja, der Zweiundzwanzigjährige erweist sich schon hier als der »große Nehmer« von allem Gebotenen, als das »kollektive Wesen«, das jedermann zu eigen sei, wie er Eckermann wenige Wochen vor seinem Tod erläuterte.

Die Huldigung Shakespeares ist keineswegs aus dem Stegreif entstanden. Das versuchte Goethe, dem als jungen Advokaten alle Mittel der Rhetorik völlig vertraut waren, nur durch Ausdruck und Stil seinen Zuhörern zu suggerieren.

Als Goethe seine Shakespeare-Rede hielt, war er auf den Tag erst zwei Monate zu Hause. In einem zweiten Studiengang hatte er seine juristische Ausbildung in Straßburg als Lizentiat beider Rechte abgeschlossen. Er war nun als Anwalt in Frankfurt zugelassen und als Bürger der Stadt vereidigt. Für Eltern und Umwelt war er der »Doktor«. Der Vater, auch Jurist, konnte hoffen, daß sich endlich berufliche Erfolge einstellen würden und daß Goethe die Enttäuschungen wettmachen würde, die er ihm vor drei Jahren durch einen psychophysischen

Kollaps nach den Leipziger Studienjahren und eine langwierige, durch Krankheitsrückfälle unterbrochene Rekonvaleszenz bereitet hatte. Damals hatte Goethe sich dem Vater durch eine Hinneigung zu den verinnerlichten Religionsvorstellungen des Pietismus entfremdet, der ihm durch seine Mutter und eine Verwandte und Freundin von ihr seit Knabenjahren bekannt war. Ja, er hatte unter Beihilfe oder Anleitung dieses Fräuleins von Klettenberg nicht nur mystisch-pansophisches und magisch-okkultistisches Schrifttum studiert, sondern auch – wie das allerdings noch viele aufgeklärte und gelehrte Geister im 18. Jahrhundert taten – alchemistische Versuche angestellt. Alle diese Bestrebungen hatte er in den eineinviertel Straßburger Jahren entschieden fallenlassen. Er hatte neben juristischen, staatswissenschaftlichen und geschichtlichen Vorlesungen auch sogleich naturkundliche in Anatomie, Chirurgie und Chemie belegt. Auf Reisen ins Land weitete sich sein praktisches Interesse fürs Botanisieren, für Bergbau und die Hüttenindustrie. Das alles befruchtete Goethes Denken und Tun. Der bei weitem folgenreichste Anstoß erwuchs ihm indessen aus der Begegnung mit Herder.

In dem guten halben Jahr September 1770/April 1771, das Goethe mit Herder in Straßburg bei zeitweilig täglichen Besuchen verbrachte, entwickelte sich Goethe Neues im Erfassen von Welt, Geschichte und den Künsten. Seine Erkenntnis Shakespeares wurde durch Herder fundiert. Sein alchemistisches Steckenpferd verheimlichte Goethe vor seinem Mentor. Er fürchtete nicht ohne Grund dessen erbarmungsloses Urteil: »Spatzenmäßig« nannte der bittere Theologe den jungen Mann von Welt, als »äußerst leicht und viel zu leicht« war er ihm noch ein Jahr nach seiner Abreise von Straßburg in Erinnerung geblieben (Brief an Caroline Flachsland, 21. März 1772).

Was zwischen Herder und Goethe in jenem Herbst 1770 und Frühjahr 1771 über Shakespeare zur Sprache gekommen war, wissen wir recht genau. Herder verfaßte bald nach seinem Weggang aus Straßburg die umfänglichste Arbeit über Shakespeare, die es in Deutschland bisher gab. Zwar hatten schon einige Dramatiker den Tragiker Shakespeare gegen die französischen Klassiker gelobt, unter ihnen mit besonderem Nachdruck Lessing in seinem 17. »Brief, die neueste Literatur betreffend« von 1759. Aber erst Herder entfaltete die Gründe dieses Urteils historisch und trug damit zu seinem Teil zur immer wieder auflebenden »Querelle des anciens et des modernes« Entscheidendes bei – seine Wirkungen reichen bis in die Deutung von Shakespeares Tragödien in Hegels Berliner Vorlesungen über die Ästhetik. Lessing war um 1770/71 als Autor des »Laokoon«, der »Miss Sarah Sampson« und der »Minna von Barnhelm« in Goethes Gesichtskreis getreten. Er hatte ihn also in seiner Ausbildung einer allgemeinen Ästhetik der Kunstarten gefördert. Als Dramatiker hingegen vertrat Lessing – bei aller Modernität der behandelten Themen – doch das alte Prinzip der drei Einheiten. Er hatte es auch im 46. Stück seiner »Hamburgischen Dramaturgie«, 1767, theoretisch erläutert, und Herder hatte sich damit historisch auseinandergesetzt.

Herder öffnete Goethe die Augen dafür, daß dramaturgische Formen nicht aus sich selbst zu erklären und zu deuten seien. Er umging jene »ganze dramaturgische Litanei«, jene »theoretische Salbaderei des vorigen Jahrhunderts«, die Goethe noch vierzig Jahre später in »Dichtung und Wahrheit« verdammte. Herder verfuhr nicht formalistisch, sondern funktional. Er verwies auf den Kultus im frühen Griechenland, aus dem Chor und Dithyrambus als die Urformen des Dramatischen hervorgegangen waren, und wie sie nun im antiken Schauspiel »gleichsam auf einem Markt des Vaterlandes« vor allem Volk zur kollektiven Erziehung agiert wurden. Das mußte Goethes Interesse sofort binden, da er damals ansetzte, seine Dissertation »De legislatoribus« (1771) zu verfassen, in der er im Sinne von Jean-Jacques Rousseaus »Du contrat social« (1762) die Verpflichtung des Staates darlegte, den kirchlichen Kultus bei Freiheit des persönlichen Glaubensbekenntnisses zu bestimmen (der Gesinnung nach war das anti-pietistisch genug). Shakespeare waren Chor und Dithyrambus durch keine Traditionen zugekommen; statt dessen Historien und Puppenspiele (»Staats- und Marionettenspiele« nennt Herder sie). »Er fand keinen so einfachen Volks- und Vaterlandscharakter« wie die alten Griechen, »sondern ein Vielfaches von Ständen, Lebensarten, Gesinnungen, Völkern und Spracharten ... er nahm Geschichte, wie er sie fand, und setzte mit Schöpfergeist das verschiedenartigste Zeug zu einem Wunderganzem zusammen«. Gegen diese große geschichtlich gefügte Welt und auch gegen die mustergültigen Griechen will Herder das Drama des französischen Klassizismus lediglich als »Puppe, Nachbild, Affe« erscheinen. Die Überfremdung Deutschlands durch die führende Kultur des zentralistischen Frankreich trieb diese heftige Gegenwehr unter deutschsprachigen Dichtern seit Opitz und Grimmelshausen hervor; sie gehört bei Herder – wie auch bei Goethe, der sie genauso oberflächlich einsetzte (»Französchen«) – zur bloßen Folie des Shakespeare-Verständnisses. Sie birgt in sich selbst keinen Gehalt.

Der Gehalt der Herderschen Abhandlung liegt in ihrer Methode und in den Grundbegriffen ihrer Deutung. Die Methode dient Herder stets einem entwicklungsgeschichtlichen Denken. Von den Griechen zu Shakespeare und den Franzosen zu blicken, heißt ihm: »Man wird Genese Einer Sache durch die Andre, aber zugleich Verwandlung sehen, daß sie gar nicht mehr Dieselbe bleibt.« Herder bleibt für Goethe nicht nur in der Literatur-, sondern auch in der Naturgeschichte der Meister allen historisch-genetischen Verfahrens.

Die Grundbegriffe seiner Deutung hingegen weisen aus der geschichtlichen Immanenz im Bild oder in der philosophischen Abstraktion immer auf eine Transzendenz. So ist »die Natur« der »Sonnenriß einer Theodicee Gottes«; King Lear ist beherrscht von einer »heidnischen Schicksals- und Sternenphilosophie«; Shakespeare erscheint wie »ein Engel der Vorsehung«, der seinen Charakteren Anlässe gab, »wo Jedes im Wahn des Freien handelt« und er sie alle »mit diesem Wahne, als mit der Kette des Schicksals zu seiner Idee leitet«; die Dramen sind »das idealisierte Lokal des unnennbaren Ganzen«; »und das Ganze mag jener Riesengott des Spinosa ›Pan! Universum!‹ heißen«. Natur – Schicksal – »Wahn des Freien« – das Ganze: Das sind die leitenden Begriffe, von denen die in der Literaturgeschichte immer wieder zitierten »Genie«, »Innere Form«, »Second Maker« und dergleichen durchaus abhängig sind. Das gilt auch für Goethes Rede.

Goethes Rede setzt in pleno organo ein. Zweimal zieht Goethe sozusagen alle Register, zu Beginn der Niederschrift und – ziemlich in der Mitte – beim Anfang des Weiterschreibens am nächsten Tag (wenn diese Angaben im Text stimmen): Leben und Tod des Menschengeschicks werden angerufen und die Hoffnung auf ein Fortleben der Seele; dann werden die äußersten Pole philosophischer Betrachtung, Freiheit und Notwendigkeit, benannt, zwischen denen die »Geschichte der Welt«, der »Gang des Ganzen« abläuft. Goethe hat damit Eckpfähle gesetzt, innerhalb derer sich sein gesamtes Denken lebenslänglich bewegt hat, zwischen denen er nie eine systematische Abrechnung aufgemacht, zwischen denen er aber sein immer fester gefügtes Weltbild aufgebaut hat. Wir erleben, wie er dazu einen ersten Umriß aufzeichnet, einen Anfang entwirft. Die Rede zu Ehren Shakespeares führt keinen der angeführten Punkte aus, sondern gibt zu ihnen hinausweisende Andeutungen – genauso, wie sich auch der alte Goethe bei weltanschaulichen Betrachtungen zu äußern pflegte. Als er 1811 in »Dichtung und Wahrheit« auf die Straßburger Zeit und ihre Resultate zurückblickt, leitet er denn auch – nach dem gemütlichen Teil der romanhaften Idylle von Sesenheim – die bedeutenden Abschnitte über sein Studium Shakespeares (die er der beengenden Lektüre von d'Holbachs »Système de la nature« direkt entgegenstellt) mit der beziehungsreichen Reflexion ein: »Unser Leben ist, wie das Ganze, in dem wir enthalten sind, auf eine unbegreifliche Weise aus Freiheit und Notwendigkeit zusammengesetzt.« Zwei Jahre später setzt er diesen an Shakespeare gewonnenen Gedanken mit Bezug auf Shakespeare fort. Er nennt ihn denjenigen, der »jenen großen, unvereinbar scheinenden Ge-

gensatz« von Notwendigkeit und Freiheit durch das Sittlich-Machen des Notwendigen »vereinigt« habe und damit »als ein großer und einziger Meister«, als ein »wahrer Naturfrommer«, die »alte und neue Welt«, »Antik/Modern« »verknüpft« habe. (»Shakespeare und kein Ende«) Darauf, daß Goethe diesen Gedanken hier zu einer scharfen Attacke gegen seine zeitgenössische Moderne der Romantik nutzt, können wir nicht eingehen; uns muß nur daran liegen, Konsequenzen aus der frühen Shakespeare-Rede aufzuzeigen.

»Das Ganze« leitet als »Schicksal« in der wirklichen Welt wie auch in Shakespeares Stücken alles. Wie kam Goethe zu dieser Anschauung? Schon im Januar 1770 notierte sich Goethe drei Sätze aus Giordano Bruno, die den Gedanken umfassen, daß die unendliche Vielfalt der Erscheinungswelt auf einer wesentlichen Einheit beruhe. Im März 1770 (noch in Frankfurt, nach neuerer Einsicht) hält Goethe auf derselben Gedankenlinie eine längere lateinische Reflexion fest: »Getrennt über Gott und die Natur der Dinge handeln ist schwierig und gefährlich, wie wenn wir über Körper und Seele einzeln denken. Die Seele erkennen wir nur vermittels des Körpers, Gott nur durch Einblick in die Natur.« Die Reflexion mündet in ein Bekenntnis zum »systema emanativum«, auf das als einen frühesten Beleg von Goethes sich herausbildendem Pantheismus schon Wilhelm Dilthey hingewiesen hat. Diesem System habe das ganze Altertum angehangen; daran aber knüpft Johann Albert Fabricius, aus dessen »Biliographia antiquaria« (1725) Goethe exzerpiert, eine Warnung vor dem »Spinozismum«. Goethe führt dieser Warnung zum Trotz seine Vorstellung von der einheitlichen Ganzheit der natürlichen Welt fort. Im Februar 1771 kondoliert er seiner Großmutter Anna Margaretha Textor zum Tod des Großvaters, des Frankfurter Stadtschultheißen Johann Wolfgang Textor, und wendet den Gedanken eines umfassenden natürlichen Zusammenhangs in den Trost: »daß die Reihe von Glück und Unglück im Leben in einander gekettet ist wie Schlaf und Wachen, keins ohne das andre, und eins um des andern willen ...« Ja, alsbald in Straßburg erweitert Goethe seine Auffassung von der Ganzheit der Natur um die ihr innewohnende »Harmonie« (»Arianne an Wetty«, Fragment). Und sogleich wendet Goethe beide Begriffe bei Betrachtung des Straßburger Münsters an, um sich auf neue Weise den gotischen Bau als Werk des »Genius« und damit als »ein ewiges Ganzes« klarzumachen (»Von Deutscher Baukunst«). So hatte sich Goethe über ein gutes Jahr seine Vorstellungen von einem umfassenden »Ganzen« aufgebaut, als ihm in Herders Erläuterungen zu Shakespeare unter diesem Begriff die Gleichung Shakespeare-Spinoza als »Pan! Universum!« entgegentrat. So gelangte Goethe in seiner Shakespeare-Rede zu dem festen philosophischen

»Schluß« über die Welt und Shakespeares Welt: »das, was wir bös nennen, ist nur die andre Seite vom Guten, die so notwendig zu seiner Existenz und in das Ganze gehört, als Zona torrida brennen und Lappland einfrieren muß, daß es einen gemäßigten Himmelsstrich gebe.«

Durchgehend ist »das Ganze« aufgebaut sowohl aus immanent Wirklichem als auch aus transzendenten Werten; es wird immer materiell wie auch ideell gedacht. Glück und Unglück korrespondieren mit Schlaf und Wachen, Gut und Bös mit Feuer und Frost. »Das Ganze« ist ein Amalgam von Kategorien. Immer aber ist es seit der Shakespeare-Rede in Bezug zu setzen zu Spinozas Kerngedanken von der Welt als einem einzigen Zusammenhang gedanklicher Notwendigkeit: »Verum sive deus sive natura sive intellectus.« Die Gott-Natur nimmt der menschliche Geist im Endlichen als Erfahrung, im Unendlichen als Wahrheit wahr. Freiheit erreicht, wer sich der Notwendigkeit der gesetzlichen Zusammenhänge unterstellt. Nicht in den freien Entschluß, sondern in die freie Notwendigkeit setzt Spinoza die Freiheit. In der Entsagung oder Beschränkung aus freiem Willen liegt die Freude an der Gotteswelt begründet, »amor dei intellectualis«. Diese Gedankenkette stiftet für Goethe den schicksalsmäßigen Zusammenhang – von dem sein Verständnis Shakespeares ausgeht – zwischen »diesem Leben« als einer »Bereitung für den unendlichen Weg drüben«, zwischen dem »Ich«, das sich alles ist, und seiner Erweiterung »um eine Unendlichkeit«; in Shakespeares Theater: zwischen »Charakteren« und der »Natur« ebenso wie der »Geschichte der Welt«. Noch einmal: Wenn Goethe im Alter sagen kann, »Shakespeare gesellt sich zum Weltgeist; er durchdringt die Welt wie jeder« (»Shakespeare und kein Ende«), dann ist das schon in der spinozistischen Deutung Shakespeares in der Rede des jungen Goethe ausgesagt. – Was Shakespeare in der Tragödie, das sei Spinoza in der abendländischen Philosophie, zu diesem Urteil gelangte Eugen Kühnemann. Goethe wird sich die durch Herder gewonnenen Ansätze seiner Spinoza-Kenntnis in mehreren Studiengängen in den 70er, den 80er Jahren und nach 1808 entfalten.

In den »Ephemerides« – die der Entstehung der Shakespeare-Rede so nahe liegen – gibt es noch eine Reihe von Notizen zum »Ganzen« einer beseelten Natur. Sie sind 1771 aufgezeichnet anhand der Lektüre von Moses Mendelssohns »Phädon oder Über die Unsterblichkeit der Seele« (1767). Das »Ganze« umschließt auch hier das »Wirkliche« in der »Folge der Zeit« und das »Unendliche«, mit dem transzendierenden Abschluß: »Die Seele führt das Leben immer mit sich, also kann sie nicht sterben.« Mit Mendelssohns »Drei Gesprächen« sind wir zu einem anderen Fundament vorgestoßen, auf dem sich Goethes Verständnis Shakespeares aufbaut: einer Platonischen Weltsicht, in diesem Fall vermittelt durch den Spinoza- und Leibniz-Schüler und Freund Lessings. Herder schätzte dessen »Mittelding zwischen Übersetzung und Ausarbeitung« von Platos Dialog »Phaidon« – den Goethe schon 1767 erwähnt als »dialogues de l'immortalité de l'âme« (Brief an Cornelia, August 1767). Das klingt wie eine vorausgesetzte pauschale Zustimmung. In der Shakespeare-Rede wird sie – in der Folge von Sokrates' polarer Verkettung von Leben und Tod mit seiner Seelenwanderungslehre nach dem Tod – spezifisch entfaltet. Sie begründet nicht nur das Fortleben der Seele nach der »Nonexistenz« im Tod, sondern auch die Weiterung der »großen Schritte durch dieses Leben« als »eine Bereitung für den unendlichen Weg drüben«. Das Bild von Shakespeare als »Wanderer« – desto häufiger berufen, als Goethe wenig später im Kreis der sogenannten Darmstädter »Empfindsamen« selbst so genannt wird und mit einer Hymne dieses Titels darauf geantwortet hat (intensives Zeugnis seines Griechenstudiums) – erhält durch den »Phädon« eine metaphysische Überhöhung. (Erst *nach* der Shakespeare-Rede setzt Goethes eindringliche Platon-Lektüre für ein geplantes, aber nicht ausgeführtes Sokrates-Drama ein.)

»Das Ganze« wird in den »Ephemerides«-Notizen mehrmals mit »Ordnung«, »Kraft« und »Zusammenhalten« gleichgesetzt; und wie sich »Veränderliches« in der »Folge der Zeit« ereignet, so wird der Aufbau der Welt »aus dem Zirkel der Dinge« erklärt – wie Goethe notiert. All dies heißt, daß Goethe seinen amorph erscheinenden Begriff vom »Ganzen« *gliedert.* In seiner ausführlichsten Äußerung zu Plato, in den »Materialien zur Geschichte der Farbenlehre« (1810), tut er dasselbe im Bild. »Alles was er äußert« – so heißt es unter Verwendung des frühen Leitbegriffs –, »bezieht sich auf ein ewiges Ganzes, Gutes, Wahres, Schönes ...« Plato bewege »sich nach der Höhe«, er gleiche einem Obelisken, »ja einer spitzen Flamme«, die »den Himmel sucht«. Dies doppelte Bild des Hinaufstrebens nach der Höhe, nach dem Himmel weist auf die Gliederung in Platos Weltsicht hin: Daß die Platonische Ordnung von der Unterwelt über die Elemente, die Reiche der belebten Natur, die Menschenwelt mit Verstand, Vernunft und Willen in das Reich des Geistes und darüber des Göttlichen reicht, war Goethe natürlich so geläufig, daß er seine Notizen mit dem Hinweis auf die »erbauliche Kosmologie« im »Phädon« lakonisch beschließt.

Es ist diese kosmologische Ordnung, jedoch modernisiert, der eigenen Zeit näher, die Goethe im Gesamtwerk Shakespeares wiederfindet. Das ist der Grund für die andauernde Verehrung, die Goethe Shakespeare entgegenbringen wird.

Was aber Goethes auch durch Herder befördertes Studium der Antike betrifft, so hatte er schon etwa im Februar 1770 nach der kritischen Lektüre von Lessings »Laokoon« einen weit über Winckelmanns und Oesers Klassizismus hinausweisenden zentralen Punkt seiner eigenen Aufmerksamkeit angemerkt, »daß man die Fürtrefflichkeit der Alten in etwas anders als der Bildung der Schönheit zu suchen hat.« Dieses andere war ihre Weltsicht »des ewigen Ganzen«, das neben dem »Schönen« eben auch das »Gute, Wahre« beherbergt. Goethes Briefe aus Rom – fünfzehn Jahre später – bezeugen am stärksten, wie er auf der Suche nach »dem Ganzen« seine Erkenntnisse zu Natur, Kunst und der menschlichen Gesellschaft einander zuordnet. Bevor wir aber Shakespeares kosmologische Weltordnung in diesen weiten Zusammenhang stellen, seien noch einige Einzelpunkte der Shakespeare-Rede betrachtet.

Sie ist der Auftakt zum deutschen Geniewesen, dem später sogenannten »Sturm und Drang« (1776). »Ich! Der ich mir alles bin«, ruft der Anti-Pietist zu Anfang, und er dankt seinem »erkenntlichen Genius«, der ihn Shakespeare lesen lehrte. In diesem einen Punkt geht Goethe über Herder hinaus: daß er Shakespeare Prometheus vergleicht, der seine Figuren den Titanen gleich »in kolossalischer Größe« bildete. Hier spricht nicht der Kulturhistoriker, sondern der geniale Kreative. Und wieder sind es, nächst Shakespeare selbst, Goethes englische »Lehrer« (Brief an Charlotte von Stein, 24. Juni 1783), Philosophen und Kritiker, die bei diesem Neueinsatz Pate stehen. Shaftesbury, Schüler der Cambridger Platonischen Schule, hatte Platos Bild vom Weltenschöpfer auf den Dichter angewandt und diesen auch »a just Prometheus, under Jove« genannt. (»Soliloquy, or Advice to an Author«, 1710) (Goethe wird den Prometheus-Mythos zwei Jahre später in einer Hymne verarbeiten, die zwischen Friedrich Heinrich Jacobi und Lessing 1780 einen Streit um Spinoza auslöste.)

Aus Mendelssohns »Phädon« hatte Goethe notiert, daß die Seele ihre »erhabenen, heiligen, geistischen Gefühle von Schönheit, Ordnung und also von Gott haben« werde. Edward Young wiederholte die Bestimmung des »genius« als »to partake of something divine« (»Conjectures on Original Composition«, 1759). Ihm galt »Shakespeare's genius« als Stern erster Größe, dessen originale Kompositionen nicht nur ohne gelernten Regelzwang auskamen, sondern alles Angelernte in den zweiten Rang hinter das Werk des Genius verwiesen. Herder setzte gleichfalls »Genie« und »Schöpfer« über »Philosophie« und »Zergliederer« und fand in Shakespeare einen »Sterblichen mit Götterkraft begabt«, der die von Aristoteles geforderten Wirkungen der Tragödie ohne dessen Regeln durchsetzen könne. Als Goethe sich Shakespeare als ein anderer »erkenntlicher Genius« an die Seite setzte, trug er den Entwurf des »Götz von Berlichingen« – seines ersten großen deutschen Publikumserfolgs, der eine maskeradenhafte Deutschtümelei des titanischen, großen/groben Kerls auslöste – bereits in sich. Zu seinem ersten literarischen Welterfolg, den »Leiden des jungen Werthers«, hatte er mit dem Fragment eines Briefromans schon einen formalen Ansatz gefunden (»Arianne an Wetty«). Die Anschubskraft aus England wirkte in beiden Werken fort. Und Goethe bedurfte dringend solcher Kräfte, an denen sich die eigene Produktivität entzünden konnte. Nach seinen Studienausflügen in die Welt drückte ihn seine altertümliche Vaterstadt. »Frankfurt bleibt das Nest. Nidus wenn Sie wollen ... sonst auch figürlich spelunca ein leidig Loch«, schreibt der junge Advokat (an Johann Daniel Salzmann, 28. November 1771). An Shakespeare die vielen weiten Gedanken zu heften vom Schicksal, dem Weltenganzen bis zum Genie, war auch eine Aufrichtung seiner selbst: »Von Verdiensten, die wir zu schätzen wissen, haben wir den Keim in uns.«

Beide, »Götz« und »Werther«, verweisen auf ein letztes Einzelthema in der Rede, der Keim beider Werke liegt in ihm: Das ist die Jahrhundertkritik, die umgreifende rousseauistische Epochenkritik, die Goethe an und aus Shakespeare entwickelt. Goethe setzt sie ans Ende der Rede. Er nimmt in ihr die Polemik gegen die »Französchen« stillschweigend wieder auf und steigert sie ins Allgemeine. Nicht nur das klassizistische Drama wird »kerkermäßig ängstlich« geformt: Alle Menschen seiner

Zeit fühlen »von Jugend auf alles geschnürt und geziert« an sich, alle Zeitgenossen sind gemessen an der Natur und der »ganzen Welt« »verzärtelte, unerfahrene Menschen«. (Neun Jahre zuvor war die Familie Goethe im Schäferkostüm im Schatten von »Myrten und Lorbeergebüschen«, Wolfgang in Kniebundhosen und mit Dreispitz als Dreizehnjähriger ein Schaf umhalsend, von Johann Conrad Seekatz im Stil des Rokoko gemalt worden – das Bild sagt vom Kostüm der Zeit mehr aus als einige witzige Zitate aus Goethes Leipziger Lyrik.)

Mit Shakespeares »kolossalischen« Charakteren vor Augen erschienen Goethe seine eigenen Figuren als »Seifenblasen, von Romangrillen aufgetrieben«. Als Goethe dies aussprach, lagen erste Seiten eines Brief»romans« vor ihm, Entwürfe zu »Arianne an Wetty« – in denen ein voll ausgebildeter Pantheismus sich ausspricht, der später Werthers Bekenntnis werden sollte. Im »Werther« aber erst wird das »verzärtelte«, ja »verbildete« Menschenbild der Epoche, das Goethe in Straßburg wahrnimmt, in aller Konsequenz ausgemalt.

Eine Gegenfigur mit »Leidenschaften im Herzen« und »Mark in den Knochen« hatte Goethe jedoch zur Zeit seiner Shakespeare-Rede bereits geschaffen: den Ritter Götz mit der eisernen Hand, kein »Müder«, sondern ein »Tätiger«, eine Gestalt aus Shakespeares Jahrhundert.

In diesem Drama arbeitet Goethe zum erstenmal

das Bild einer Gesellschaft aus, die nach einem Ordnungsgedanken strukturiert ist, auf den Herder ihn in Shakespeares Werk hingewiesen hat: der gesonderten, nach ihren Interessen auch gegnerischen »Stände«. Shakespeare, so lautet ein Hauptpunkt in Herders historischer Deutung, »fand keinen so einfachen Volks- und Vaterlandscharakter« wie die griechischen Tragiker ihn vorfanden, »sondern ein Vielfaches von Ständen, Lebensarten, Gesinnungen, Völkern und Spracharten ... Er dichtete also Stände und Menschen, Völker und Spracharten, König und Narren, Narren und König zu dem herrlichen Ganzen!« Und wie diese einzelnen alle nur »im Wahn des Freien« handeln, in Wahrheit aber als »unwissende, blinde Werkzeuge zum Ganzen« sowohl dem »Weltschöpfer« als auch dem »Dichter« dienen, so haben sie auch für Goethe nur eine »prätendierte Freiheit« im »notwendigen Gang des Ganzen«. Goethe hat den politisch-gesellschaftlichen Stände-Gedanken seiner Shakespeare-Rede in ein weiter gespanntes hierarchisches Denken gekleidet. Während alle sonstigen Einzelthemen einander ablösen, gehen hierarchische Bilder durch die gesamte Rede hindurch. Gleich eingangs: Es gibt unter den Menschen »geringste« und »höchste«, »unfähigste« und »würdigste«; und je nachdem beschreitet man den schicksalhaften Lebensweg »jeder nach seinem Maß«; der eine mit »Siebenmeilenstiefeln«, der andere mit »zwei Schritten« pro Tag;

unter allen ist Shakespeare der »größte«; ihm als Orest würde Goethe sich gern in der »Nebenrolle eines Pylades« zugesellen.

Um die Intensität dieser Goethischen Vorstellung einer Rangfolge zu unterstreichen, müssen wir aus der Shakespeare-Rede hinausweisen auf jenen flehentlichen Brief an Herder, den Goethe aus Frankfurt nach Bückeburg richtet – etwa einen Monat nach der Shakespeare-Rede und ein Vierteljahr nach der Trennung von Herder in Straßburg –, der den Überschwang von Goethes Zuwendung an seinen Mentor und seinen Dank für empfangene Bereicherung in biblischen und Bildern von Sonne, Mond und Sternen ausruft: »Bleiben Sie *mir* was Sie *mir* sind.« Wie der Mond zur Erde wolle er sich gern als »Planet« zu Herder verhalten; oder auch der »letzte, der kleinste« Planet, Merkur, wolle er lieber sein, »der sich mit Ihnen um Eine Sonne drehte; als der Erste unter fünfen die um den Saturn ziehn«. Die Logik dieses Planetenhimmels stimmt nicht ganz ... aber Goethe war ein Bedürftiger, und so setzte er noch das Bild hinzu von Jakobs Ringen mit dem »Engel des Herrn«, um gesegnet zu werden: »Und sollt ich lahm drüber werden.«

Nach seiner Anrufung Shakespeares, »mein Freund, wenn du noch unter uns wärest, ich könnte nirgend leben als mit dir«, die Goethe erschüttert, so daß er abbricht, schreibt er am nächsten Tag weiter: »Shakespeares Theater ist ein schöner Raritätenkasten, in dem die Geschichte der Welt vor unsern Augen an dem unsichtbaren Faden der Zeit vorbeiwallt.« Das Bild vom Raritätenkasten ist nur unzulänglich mit einem Guckkasten der Jahrmärkte erklärt. Es birgt viel mehr. Auf der Rolle, die da für den Beschauer abgezogen wurde, erschien nämlich ein trionfo sozialer Stufung, von dem uns Goethe ein Jahr vor seiner Shakespeare-Rede den allgemeinen Satz und die kleine Schilderung gibt: »Jeder hat doch seine Reihe in der Welt, wie im Schöneraritätenkasten. Ist der Kayser mit der Armee vorüber gezogen. Schau sie, Guck sie, da kommt sich die Pabst mit seine Klerisey.« (Brief an Johann Conrad Engelbach vom 30. September 1770). Will man sich eine solche »Reihe in der Welt« heute noch anschauen, betrachtet man am besten die Mitteltafel von Hieronymus Boschs Triptychon »Der Heuwagen«, auf dem ein solcher Zug von der göttlichen Segnung oben bis hinab zu Dieben, Bettlern, Mördern, Wundarzt und Scheinheiligen von links nach rechts in die Unterwelt abgeht. Solche Schilderungen »schöner Raritäten« waren Goethe von Jugend an geläufig. Eine ganze Reihe davon hat er seinem Schulfreund Friedrich Maximilian Moor in einem Stammbuchvers aufgezählt: auch dort in erkennbarer Rangfolge von »Mördergrube« über »eines Burschen Stube« bis hinauf zu den »Köpfen von Poeten« – »fast« wie diese alle sähe sie aus, »die beste Welt« (1765). Seinen Witz erläutert er dann mit der

Zeile aus Horaz' »Ars poetica«: Risum teneatis amici!

Auf Shakespeare angewandt verweist der ganze Satz von seinem »Theater« als »schönem Raritätenkasten« auf Shakespeares History Plays. Goethe bezeichnet sie kurz zuvor mit dem alten barocken, aber treffenden Terminus »Haupt- und Staatsaktionen«. Es sind diejenigen eines Weltreichs, des ersten und mächtigsten nach der Versenkung der Armada und des autonomsten nach Heinrich VIII. Loslösung von Rom. Die Briten waren sich ihrer Geschichte bis in die mythische Zeit des König Lear bewußt. Und wenn Shakespeare in seinen Historien die Folge vom Sieg der Barone über einen landlosen König Johann bis zur zentralistischen Festigung der Monarchie unter den Tudors vorführte, vollbrachte er die höchste nationale theatralische Tat. So sahen es Herder und Goethe. Und sie nahmen auch wahr, mit welcher Weltkenntnis Shakespeare durch seine Zeit und Traditionen ausgestattet war: Den Nutzen von Einheit und Ordnung im Königreich, die Grausamkeit der Kriege, die Korruption durch Geld und Ämter, die göttliche Vorsehung, der alles unterstellt war, und das göttliche Recht der Könige (the Divine Right of Kings) und ihrer legitimen Nachfolge, die Gefahren, die ihnen aus Untreue und Verrat erwuchsen – dies alles spielte ihnen Shakespeare vor. Am Ende seiner letzten, jederzeit beliebten »Famous History of the Life of King Henry the

Eighth« wird dem König das Wunder einer königlichen Prinzessin angezeigt: »In her days every man shall eat in safety Under his own vine what he plants; and sing The merry songs of peace to all his neighbours.« Dieses »chosen infant« wird einst »to the happiness of England An aged Princess«, sie wird jungfräulich sterben. Shakespeare hat die Historien bis in seine Zeit geführt. Er verkündet die Glorie Elisabeths I., der Monarchin, deren Gespräch in allen Sprachen der Antike und Moderne die Gelehrten Europas rühmten, die von ihrem Hof vergöttlicht wurde, wie sonst kein Regent. – Was immer Goethe von Shakespeares Histories damals gelesen hat, er las es im Hinblick auf den eigenen Entwurf der »Geschichte Gottfriedens von Berlichingen mit der eisernen Hand« (1771). In dem Schauspiel strukturiert die Schichtung der Stände und der Reichsstände einen wesentlichen Gehalt dieser Historie.

Die Bedeutung, die Herder dem Stände-Denken Shakespeares gegeben hatte, war ihm als Ordo-Denken der Zeit geläufig oder aus Spinozas »Ethik« bestätigt worden. Spinoza hat sein polares Gesetz von Freiheit unter der Notwendigkeit in seinen Folgen für das praktische Handeln dargestellt und abgeleitet, daß sein Nutzen darin bestehe, »Frömmigkeit«, »Gleichmut« und »Vernunft« zu erzeugen; insbesondere sei seine Lehre dem staatlichen Gemeinwesen dienlich, »sofern sie zeigt, auf welche

Weise die Bürger zu regieren und zu leiten sind: nämlich so, daß sie nicht als Knechte dienen, sondern freiwillig tun, was das beste ist.« Dies ist – kurz gesagt – die Maxime von Ritter Götz' Handeln. Sie kam Goethe, dem Patrizier und Sohn regierender Familien in Frankfurt, derart entgegen, daß er sie für sich und seine Umwelt durchweg beherzigt hat und noch als erfahrener Verwaltungsmann im Alter dem Kanzler des Großherzogtums Sachsen-Weimar-Eisenach die Maxime übermitteln konnte: Er wirke als Mensch, »nicht kanzleimäßig, nicht so direkt und folglich etwas minder platt.« Und dann die Anwendung vom Wort des »Herrn« im »Faust« zu seinem Knecht: »Du darft auch da nur frei *erscheinen* ...«, auf den eigenen Tätigkeitskreis: »Ich suche jeden Untergebenen frei im gemessenen Kreise sich bewegen zu lassen, damit er auch fühle, daß er ein Mensch sei.« (Zu Friedrich von Müller, 23. August 1827).

In diesen freiheitlich-notwendigen Bezug setzt sich der Ritter Götz zu seinem Kaiser. Er tut das in der »Geschichte«, dem Ur-Götz von 1771, ebenso wie in dem »Schauspiel« von 1773 in identischen Wendungen, die bei der Umarbeitung allermeist nicht eliminiert worden sind. In dem unmittelbaren Bezug der Stände zueinander – Bauern, Handelsleute, Ritter, Fürsten, Kaiser: dies die Hierarchie – sind alle Konflikte und der Gang der Handlung begründet. In Götz' Bezug zu seinem Kaiser ist die

Tragik seines Falls begründet; das ist wunderlicherweise über dem »Selbsthelfertum« des »Großen Kerls« nie richtig beachtet oder nie entfaltet worden. Wir können hier nur diesen einen Punkt erwähnen, weil er zu Shakespeare und Spinoza im gleichen Verhältnis steht, nämlich dem: daß Götz aus eigener Freiheit und der Notwendigkeit seines Standes in die tragische Kollision gerät.

Goethe hat ein feines Zeremoniell in seinem Drama beobachtet. Götz läßt zu Anfang und zu Ende den »Kaiser« zuerst hochleben, ehe er auf »die Freiheit« trinkt. Er ist im Gespräch zu Anfang niemandem als dem »Kaiser« untertan; als Ritter übt er Treue und Dienst nur dem »Kaiser«, nicht den Fürsten, die für ihre territorialen Ziele kämpfen, aber mit dem Kaiser »auf unanständige Art spielen«; Bruder Martin küßt Götz' eiserne Hand als die eines Mannes, den die Fürsten hassen. Im 3. und 4. Akt aber, als Götz sich zuerst vor der Reichsexekution und dann vor einem kaiserlichen Urteilsspruch verteidigen muß, nutzt er den geheiligten römischen Titel der »Majestät«, der er sich unwandelbar als »treuer Knecht« unterstellt – aber echt lutherisch-deutsch fügt er hinzu, das Reich gehe ihn bei alledem nichts an!

Goethe hat sich den so allgemein gedachten »notwendigen Gang des Ganzen« also frühzeitig und dauerhaft gegenständlich gemacht. Er hat seine Schicksalsidee konkretisiert und in der festen Rangfolge einer Ständegesellschaft gesellschaftlich und historisch anwendbar gemacht – ein Amor fati wie beim jungen Nietzsche. Goethe spricht es in jenen vorweimarischen Jahren in Briefen an intime Freunde und Freundinnen häufig aus. Ja, für sich, in einem Tagebuch, nennt er sein Schicksal »das liebe unsichtbare Dinge, das mich leitet und schult« (30. Oktober 1775). Viele seiner Lebensentschlüsse sind in dem Amor fati eines hieratischen Schicksalsglaubens begründet, nicht zuletzt sein Fortgang aus der Freien Reichsstadt Frankfurt am Main an den Hof zu Weimar...

Wenn wir schon in Goethes »Ganzem« Spinozas »Pan! Universum!« erkennen konnten, so können wir nun dieses ganze Universum in einer gegliederten Stufenfolge gedacht sehen, die Goethe zu jener manchmal umrätselten Summa über Shakespeare führte, die wir zitiert haben: in der, ethisch genommen, »bös« und »gut« notwendige Korrelate sind; körperlich-weltlich genommen, auf »Zona torrida« der »gemäßigte Himmelsstrich« und auf diesen das eingefrorene »Lappland« folgen »muß«. Es ist eine weltbildliche Konstruktion, die all diesen Gedankenreihen zugrunde liegt. Verwunderlich ist nichts an ihr. Für Goethe schon gar nicht, da er auf »edle Philosophen« als Zeugen verweisen kann. Wir haben sie im Gang der Ableitung – wie andere Kommentatoren auch – benannt. Es sind Giordano Bruno, Spinoza und Shaftesbury. Aber dazu kommen Plato, auf den sie sich alle berufen, und Herder, der diese alle Goethe vermittelt hat.

Nun bleibt aus allen Exempla zur Rang- und Stufenfolge des Weltganzen, wie Goethe sie in seiner Shakespeare-Rede geradezu häuft, noch ein gepfeffertes Detail nachzutragen. Das ist Goethe als »Ulysses«, wie er auf Voltaire einprügelt. Voltaire habe Shakespeare wie eine »Majestät« gelästert, lautet die Anklage. Nach »Götz« kennen wir den Stellenwert der Majestät für Goethe (er reflektiert ihn für sich selbst auch in den »Ephemerides«). Unterm Absolutismus war Majestätsbeleidigung ein schwerstes Hochverratsvergehen, dessen sich Voltaire nie je schuldig gemacht hat. Seine Mißhelligkeiten mit Friedrich dem Großen mögen im »Fritzisch« gesonnenen Haus Goethe Verärgerung erregt haben; aber was Shakespeare betrifft, hatte sich Voltaire unendlich mehr Verdienste um dessen europäischen Ruhm als Tadel erworben (Shakespeare »sänge wie ein Säufer«, wird Voltaire erst kurz vor seinem Tode sagen). Die Sache ist die, daß Goethe im jugendlichen Unmut seiner allgemeinen Kulturkritik gegen den greisen Repräsentanten Frankreichs frech über die Strenge schlägt. Wenig später wird er den auch hier schon vors Tribunal gezerrten Wieland höhnisch abkanzeln.

Aber warum kleidet Goethe Anklage und Bestrafung in einen Vorgang aus der »Ilias« ein, wo im 2. Buch Thersites wegen seiner Lästerung Agamemnons von Odysseus mit dem Zepter gezüchtigt wird. Warum Thersit und »Ulysses«? Goethe hatte unter Herders Anleitung die Lektüre Homers in Straßburg wieder aufgenommen. Aber er kannte auch Shakespeares Bearbeitung des Trojanischen Kriegs in »Troilus and Cressida« – er hat diesem aus Satire und tragischen Elementen eigentümlich gemischten Stück stets eine besondere Wertschätzung entgegengebracht; er kannte es, seit er Dodds »Beauties of Shakespeare« las. Dort waren »Beauties« aus »Troilus and Cressida« als der letzten aus Shakespeares Tragedies ausgewählt, und zwar in einem Ausmaß, das keine der Comedies und keine der Historical Plays erreichten, und das innerhalb der Tragedies nur weit übertroffen wurde durch Auszüge aus »Hamlet« und ein wenig durch solche aus »Julius Caesar«, »Macbeth« und »Romeo and Juliet«. Das wird in erster Linie mit dem Interesse des Mittelalters und der Renaissance an der antiken Geschichte zusammenhängen. Auch die Themen, die der Reverend Dodd zu »Troilus and Cressida« anschlägt, leiten sich aus antiken Topoi her, wie Kriegsführung, Ehre, Kampfeserfolg und ihre Korrespondenzen wie Liebeswerben, Constantia, Liebesnacht usw. Unter all diesen Standardthemen muß Goethe eines insbesondere angesprochen haben, ein ganz speziell Elisabethanisches, eines, das im Gesamtwerk Shakespeares tragend wirksam ist, das aber hier seine – wenn man so will – kanonische

Ausgestaltung erfahren hat: es ist Ulysses' Vortrag über eine universale natürliche wie rechtliche Rangordnung/»Abstufung« zur Beschwichtigung der Elisabethanischen Ängste vor Unordnung im staatlichen Leben. Wir schalten Dodds Auszug zur Gänze hier ein und fügen die Übersetzung von Wolf Graf Baudissin (1830) bei (in Wielands Ausgabe war »Troilus and Cressida« nicht enthalten).

On Degree
Take but degree away, untune that string,
And, hark! what discord follows; each thing meets
In mere oppugnancy: the bounded waters
Should lift their bosoms higher than the shores,
And make a sop of all this solid globe:
Strength sould be lord of imbecilitiy,
And the rude son should strike his father dead:
Force should be right; or rather, right and wrong
Between whose endless jar justice resides –
Should lose their names, and so should justice too.
Then every thing includes itself in power,
Power into will, will into appetite;
And appetite, a universal wolf,
So doubly seconded with will and power,
Must make perforce a universal prey,
And last eat up himself.

Tilg Abstufung, verstimme *diese* Saite,
Und höre dann den Mißklang! Alles träf
Auf offnen Widerstand. Empört dem Ufer
Erschwöllen die Gewässer übers Land,
Daß sich in Schlamm die feste Erde löste.
Macht würde der Tyrann der blöden Schwäche,
Der rohe Sohn schlüg seinen Vater tot.
Kraft hieße *Recht* – nein, Recht und Unrecht, deren
Endlosen Streit Gerechtigkeit vermittelt,
Verlören, wie Gerechtigkeit, den Namen.
Dann löst sich alles auf nur in Gewalt,
Gewalt in Willkür, Willkür in Begier.
Und die Begier, ein allgemeiner Wolf,
Zwiefältig stark durch Willkür und Gewalt,
Muß dann die Welt als Beute an sich reißen
Und sich zuletzt verschlingen'.

Das ist ein knappes Drittel von Ulysses' Vortrag vor den griechischen Prinzen und Heerführern, ihnen die Verzögerung von Trojas Fall durch eine verfehlte Rangordnung/»Abstufung« zu erklären. Schon dieser Auszug zeigt die Entsprechung von elementarem Unheil und Rechtlosigkeit in der Welt, wenn die Ordnung gestört ist. Der Anfang des Vortrags spannt den Rahmen dieses Systems weiter bis zu »den Himmeln, den Planeten und diesem Zentrum«, der Erde. Die Ordnung der Himmelssphären verbürgt die Ordnung der Welt in den Gemeinden, Schulen, Zünften, verbürgt das

Recht der Erstgeburt, die Ehrfurcht vor Alter, Zepter, Krone und Lorbeer usw. Wir ermessen an diesem Bild des harmonischen Kosmos erneut die Bedeutung von Goethes Bitte, Herder ein »Planet zu sein«, ein »freundlicher Mond der Erde«. Diese Weltharmonie soll Voltaire mit seiner Lästerung von Shakespeares »Majestät« verletzt haben. Dafür straft ihn Goethe als ein Ulysses, dem die Rangordnung im Weltgebäude der Grund alles Seins ist.

Goethe hat diesen Gedanken eines allein in der Hierarchie festgegründeten harmonischen Weltganzen unverbrüchlich festgehalten. Er hat ihn sich nicht aus Shakespeare abziehen müssen, die Gestalten- und Tatenwelt Shakespeares hat ihn ihm jedoch umfassend bestätigt.

> »O! when degree is shak'd,
> Which is the ladder to all high designs,
> The enterprise is sick« –

liegt Goethes harter Entscheidung zu Grunde, er leide lieber Ungerechtigkeit als Unordnung. Im dichterischen Bild strukturiert der Gedanke mitsamt dem Glauben an die Majestät noch die »Bergschluchten«-Szene des »Faust II«. Doch auch anderes ist durch ihn erklärt, wie die extrem detaillierte Beschreibung der Frankfurter Kaiserkrönung

1764, die ohne den »Rangstufen«-Gedanken unverständlich bliebe und ein bloß äußerliches Interesse am Zeremoniell verriete, das mit Geschichte gar nichts, mit dem Personalisieren der Geschichte aber alles zu tun hat. Die Studenten im »Urfaust« wissen da viel besser Bescheid: »Das liebe heil'ge Röm'sche Reich Wie hält's nur noch zusammen?« ...

Der »degree«-Gedanke erhellt noch ein anderes Problem, das unter Goethe-Kennern umstritten ist: das ist der Stellenwert der Alchemie in Goethes Weltbild. Goethe hat über seine alchemistischen Experimente in seinen Erinnerungen berichtet, doch eher verhüllend als darlegend – wir brauchen hier keine seiner Details. Auch die kontroversen Meinungen über sie lassen wir beiseite. Unsere mehrfache und unter verschiedenen Blickwinkeln erfolgte Betrachtung des gegliederten Weltganzen hat in seiner Deutung durch Goethe, Herder und Shakespeare Entsprechungen, Korrespondenzen hervortreten lassen. Sie walten zwischen Leib und Seele, den Elementen und dem Geistigen, Erde und Himmel, dem Menschen und den Gestirnen – sie walten unter tausendfältigen Kategorien. Jeder der erwähnten »edlen Philosophen« hat sich aus ihnen seine Muster gebildet, nach denen er den Menschen in seiner Welt und im Kosmos deutete. Eine besondere Korrespondenz teilten sich die »edlen Philosophen« alle. diejenige zwischen dem Mikrokosmos Mensch und dem Makrokosmos Universum. Sie lag dem alchemistisch-magischen Beziehungsdenken auch zu Grunde und war Goethe aus seinen pansophischen Studien 1768 bis 1770 vertraut. Aus ihnen erwuchs Goethe die genaue Kenntnis magisch-okkultistischer Symbolik, die er alsbald nach der eigenen Abwendung von der Alchemie kritisch im »Urfaust« einsetzte, um dem Magier Faust dessen eigene Folie als unorthodoxer Außenseiter zu schaffen. In Goethes Naturforschungen bleibt dieses Beziehungsdenken bis ins Alter fruchtbar und prägt gewisse abstrahierende Grundbegriffe seiner Morphologie.

Übrigens hielt das unmutige Urteil über Voltaire so wenig stand, wie der Hohn auf Wieland. Die Aussöhnung mit diesem war schon vor Goethes Übersiedlung nach Weimar erreicht. Die Beschäftigung mit Voltaire reichte bis an Goethes Lebensende. Sie wurde gesteigert durch den Wunsch des Herzogs Carl August, Voltaires Tragödien auf dem Weimarischen Hoftheater aufgeführt zu sehen – dem Goethe zu Anfang des neuen Jahrhunderts willfahrte. Goethes klassisch abwägendes Urteil über Voltaire ist enthalten in den Anmerkungen seiner Übersetzung von Diderots »Le neveu de Rameau« (1805).

Die Jahrhundertkritik, die Herder/Shakespeare in Goethe entzündet hatten, war auf besondere Weise angefacht worden. Herder hatte Shakespeares Nationalcharakter als den eines »Nordischen Menschen« – in Abgrenzung gegen Griechen und Franzosen – bestimmt. Seine Abhandlung erschien in dem Aufsatzband »Von Deutscher Art und Kunst«. Der kulturellen Selbstfindung der Deutschen, die der Sturm und Drang so ungestüm befördern wollte, waren damit Signale gesetzt. Aber sie ruhten auf schwankendem Grund. Denn diese erste Programmschrift des Sturm und Drang enthielt nur wenige Seiten, die sich auf eigentlich deutsche Verhältnisse bezogen. Das waren Justus Mösers Ausführungen zur »Deutschen Geschichte« – eine Art kleiner Apologie zur Entwicklung der »Landeshoheiten« im späten Mittelalter. Die anderen vier Aufsätze betrafen keine originär deutschen Verhältnisse: Herders Brief über »Ossian« nicht, sein »Shakespeare«-Aufsatz nicht, ein italienisches Pamphlet über die »Gotische Baukunst« nicht; und Goethes schmaler Aufsatz »Von Deutscher Baukunst« beruht auf Irrtümern und trug seinen Titel zu Unrecht. Ein Spiegel deutscher Befindlichkeit im ausgehenden 18. Jahrhundert. Er entdeckt einen Mangel nationalen Gehalts, der in dem heftig aufbrechenden Geniewesen die Gewalt einer Kompensation erahnen läßt – womit Goethes bald einsetzende Abwehr und sein Widerwille dagegen genügend erklärt wären.

Der nicht nur zeitliche Zusammenhang von Goethes Shakespeare-Studien mit der Entstehung erster

Teile seines Aufsatzes »Von Deutscher Baukunst«, jenem Hymnus auf das Straßburger Münster, wird zu wenig bedacht. Er ergänzt jedoch Goethes Bild vom Originalgenie in wesentlichen Shaftesbury entlehnten Platonischen Gedanken, wie dem wiederkehrenden Vergleich des Bauwerks mit »Bäumen Gottes«, die vom »Felsengrund« bis »in die Wolken« sich vollenden. Und auch der Angriff auf Kunstregeln wird nun weit über die Ablehnung der dramaturgischen drei Einheiten ausgedehnt. »Schädlicher als Beispiele sind dem Genius Prinzipien.« Ja, 1773 schreibt Goethe Shaftesburys exzentrischen Satz »The most ingenious way of becoming foolish is by a system« in ein Stammbuch. Doch der Einfluß der Engländer, seiner »Lehrer«, liegt noch tiefer verborgen: Alexander Pope hatte seine Vorrede zu Shakespeares Stücken mit dem völlig neuen Vergleich beschlossen, sie seien wie ein »Majestätisches Werk von Gothischer Bauart«. Pope führte diesen Vergleich mit einer Polemik gegen den klassizistischen Akademismus seiner Zeit genauso durch wie Goethe die »Deutsche Baukunst« gegen die »schwachen Geschmäckler« seiner Gegenwart setzt. »Zierlicher und schimmernder« möge manch neues Gebäude sein, so Pope, aber ein Werk »Gothischer Bauart« sei »dauerhafter und feierlicher« und zeige »weit eine größere Mannigfaltigkeit« (nach Wielands Übersetzung, Bd. I, 1762), und so auch Shakespeare. Goethe war also Pope nicht nur darin gefolgt, daß er Shakespeares Charaktere natürlich fand, sondern auch darin, daß er in dem »Riesengeist« der »Gothischen Bauart« ein »charakteristisches Ganzes« wahrnahm, das die »*eine* Empfindung« des Genies schuf.

Man muß hinzudenken, daß das englische »gothic«, dessen sich Pope bedient, schon damals den Sinn von »spukhaft« anzunehmen begann und damit dem klassischen Rationalismus als »mittelalterlich« entgegengesetzt wurde. Deshalb muß Goethe es in seinem Hymnus auf das Münster vermeiden und durch den positiven nationalen Begriff ersetzen (während der italienische Pamphletist es sehr wohl in herabsetzender Absicht verwenden kann). Goethe benutzt das Wort aber wenig später – oder es ging ihm schon zur Zeit des Entwurfs von »Götz« durch den Sinn, als gleichzeitig die »bedeutende Puppenspielfabel« von Faust »vieltönig« in ihm »klang und summte« –, um einen anderen seiner finsteren Titanen, den Rebellen Faust in gehöriger Szenerie einzuführen. Dessen erster Monolog im »Urfaust« findet in einem »engen gotischen Zimmer« statt. So hätten wir nicht nur »Götz« und »Werther«, sondern auch Anfänge des »Faust« mit diesem Shakespeare-Sommer verknüpft – Gründe genug, daß Goethe in einem späten Gedicht »William! Stern der schönsten Höhe« unter allen männlichen Gestalten als den »Einzigen« besingen konnte, den er »verehrt« habe und dem er seines »Wertes Vollgewinn« verdanke, ja verdanke, »was ich bin« (»Zwischen beiden Welten«, wohl 1820).

Heute können wir den fast unermeßlichen Beziehungsreichtum, aus dem der junge Goethe sich seine Anschauung Shakespeares aufbaute, einigermaßen überblicken. Dabei haben wir uns den Zugang möglichst aus Goethes eigenen Quellen eröffnet und nur selten seine Rückschau des Alters eingeschaltet. Eine solche Übersicht hatte die Gesellschaft an Shakespeares Namenstag 1771 nicht. Was vermochten Goethes Zuhörer aufzunehmen? Wir wissen es nicht. Zeugnisse dazu fehlen. Sie werden den unbedingten Aufblick des jungen Genies zu dem Großen wahrgenommen haben und auch den ahnungsvollen Schicksalsglauben, in dem Goethe sich Shakespeare verband. Die Kritik an den Franzosen werden sie als hochaktuell, doch nicht als Epochen- oder Jahrhundertkritik empfunden haben. Und konnten sie Ausdruck und Stil, die Sprache, als Sprache einer neuen Zeit erkennen? Ich glaube nicht. Die Sprache in Goethes vertraulichen Briefen war seit Leipzig – nach Ratschlägen Gellerts weist er seine Schwester an: »schreibe nur wie du reden würdest« (6. Dezember 1765) – durchaus eigensinnig, höchst persönlich, auch nervös-gebrochen, wenn Stimmungsumschwünge den Duktus jäh änderten. Und hier äußerte er sich ja im vertrauten Kreis des Elternhauses – er verfaßt keine förmliche Eingabe als Advokat an ein Gericht. Er sprach seine Straßburger Sprache, die durch Herder zu einer Sprache der Affekte befreit und durch die englische Lektüre geschmeidigt worden war; hinzu war neben dem Studium der »Deutschen Baukunst« das Sammeln deutscher Volkslieder und die Lektüre deutscher Texte des 16. Jahrhunderts getreten. Hamanns sibyllinische Dunkelheiten, die in Straßburg den Aufsatz »Von Deutscher Baukunst« eingefärbt hatten, versagt sich Goethe – sicher gebändigt durch die Gegenwart des Vaters – in seiner Shakespeare-Rede; sie enthält gar keine dunkle Stelle. Sie enthält ein gelindes Arsenal dessen, was der Gesandte im »Werther«, der »pünktliche Narr«, tadelt: »Kein Und, kein Bindewörtchen darf außenbleiben, und von allen Inversionen, die mir manchmal entfahren, ist er ein Todfeind.« Apostrophen, Ausrufe, Anakoluthe und verkürzte Verbformen treten hinzu und stauen den Sprachfluß zu »einem Ton«, der »von Herzen geht«. Im ganzen betrachtet ist es jedoch mehr eine Sprache kraftvoller Reflexion als die eines affektiven Ausdrucks, die Goethe benutzt. In ihrer Eleganz verbirgt sie die Tiefe des Gehalts – und das ist vielleicht das höchste Merkmal gesellschaftlicher Wohlerzogenheit.

Zu einer Feier »mit großen Pomp« hatte Goethe Herder zu Shakespeares Namenstag nach Frankfurt eingeladen. Cornelia, die »große Engländerin«, hatte ihn extra dazu angehalten. Er hatte auch Herders »Abhandlung« dazu erbeten, »damit sie einen Teil unsrer Liturgie ausmache« (Brief im September 1771). Das war die Abhandlung, die dann erst ein Jahr später in »Von Deutscher Art und Kunst« erschien. Goethes eigene Rede ging als Sendschreiben an den Straßburger Freundeskreis – die mehrfache Anrede »Meine Herren!« deutet das an. Lerse verlas sie dort. In Goethes Elternhaus wird man sich im ersten Stock im »Peking« versammelt haben, dem Festraum des Hauses, benannt nach einer hellgelben Tapete mit Motiven im Chinoiserie-Geschmack der Zeit (der Goethe nicht zusagte). Das Haus im Großen Hirschgraben war nach dem Umbau »eins der schönsten in der Stadt«, wie die Mutter noch im Alter an Goethe schrieb (1. Mai 1795). Und der Vater ließ sich nicht lumpen. Zum »großen Pomp« verzeichnet er in seinem Haushaltsbuch 3 Gulden für Musik und 6 Gulden, 24 Kreuzer für andere Ausgaben. Das ist eine beträchtliche Summe wenn man bedenkt, daß der Rat Goethe seine Dienstmädchen mit 20 und 15 Gulden jährlich entlohnte. Der Mutter – später begeisterte Theaterbesucherin, Verehrerin Shakespeares; sie könne sehr wohl Prinz Hamlets Mutter darstellen, hat sie einmal geäußert – wird die Bewirtung der Gäste ein »groß Gaudium« gewesen sein, wie sie es liebte. Von allen war Cornelia wohl die beifälligste Zuhörerin, da sie den »Götz« nebenher schon im Entstehen kennenlernte und ihren Bruder anwenden sah, was er hier reflektierte. Den Stolz des Vaters aber spürt man, wenn er in gelehrter Humanistenmanier die geleisteten Ausgaben unter dem Titel verbucht

»Dies onomasticus Schackspear«.

EINIGE SEKUNDÄRLITERATUR:

Ernst Beutler,
Geleitwort. Rede zum Schäkespears Tag.
Weimar 1938. 4 Bll. Facs., 19 S.
(Schriften der Goethe-Gesellschaft. 50.)

Eric A. Blackall,
Die Entwicklung des Deutschen
zur Literatursprache 1700–1775.
Stuttgart 1966. XII, 523 S.

Edith Braemer,
Goethes Prometheus und die Grundpositionen
des Sturm und Drang.
Berlin und Weimar 1968. 438 S.

Wilhelm Dilthey,
Aus der Zeit der Spinozastudien Goethes.
In: Dilthey, Gesammelte Schriften.
Bd 2. Leipzig 1914. S. 391–415.

Friedrich Gundolf,
Shakespeare und der deutsche Geist.
Berlin 1911. VIII, 360 S.

Eugen Kühnemann,
Goethe und Spinoza, Festvortrag.
Jb. der Goethe-Gesellschaft 15 (1929), S. 277–305.

E. M. W. Tillyard,
The Elizabethan World Picture.
[Cambridge 1943] Vintage Books New York o. J. XII, 116 S.

A. B. Wachsmuth,
Goethe und die Magie.
Goethe 8 (1943), S. 98–115; 215–231; Die Magia naturalis im Weltbild Goethes ebda. 19 (1957), S. 1–27.

Ursula Wertheim,
Goethe-Studien.
Berlin 1968 244 S.

JOHANN WOLFGANG VON GOETHE

Geboren am 28. August 1749 als „Bürger der Freien Reichsstadt Frankfurt am Main.
Nach dem Studium in Leipzig und Straßburg, wo er Herder kennenlernte, promoviert er 1771 und erhält die Zulassung als Rechtsanwalt beim Frankfurter Schöffengericht. Im selben Jahr *Gedichte für Friederike Brion* und die Rede *Zum Schäckspeares-Tag.* 1773–1775 *Urfaust, Mahomet* und *Prometheus.* Die Arbeit am Faust wird erst 1831 abgeschlossen sein, mit der Beendigung des *Zweiten Teils.* 1775 folgt Goethe einer Einladung von Herzog Karl August nach Weimar, wo er Charlotte von Stein begegnet. 1776 tritt er in Weimarischen Staatsdienst ein und wird Geheimer Legationsrat, 1779 Geheimer Rat und 1804 Wirklicher Geheimer Rat. 1782 erhält er das von Kaiser Joseph II. ausgestellte Adelsdiplom. Goethe wird nacheinander mit der Leitung des Bergbaus in Illmenau und der Kriegs- und Wegebaukommission betraut; er unternimmt Reisen in die Schweiz, in die Rhein- und Maingegend, nach Jena und nach Italien; widmet sich mineralogischen und botanischen Studien (*Metamorphose der Pflanzen*, 1790), Studien zur Farbenlehre und zur Optik. Nacheinander erhält er die Oberleitung über die wissenschaftlichen und künstlerischen Institutionen des Herzogtums, 1803 wird er außerdem mit der Oberaufsicht über die naturwissenschaftlichen Institute der Universität Jena beauftragt. 1788 verbindet er sich mit Christiane Vulpius, lernt Schiller kennen, der 1799 nach Weimar zieht, und mit dem ihn eine Freundschaft bis zu dessen Tod 1805 verbindet. 1789 Geburt des Sohnes August. 1806 heiratet er Christiane Vulpius, im Jahr der Schlacht von Jena und der Besetzung Weimars. 1808 Begegnung mit Napoleon.

1811–1812 entsteht *Dichtung und Wahrheit*, erster und zweiter Teil, Begegnung mit Beethoven. 1815, im Jahr des Wiener Kongresses, wird Goethe Staatsminister. 1823, im Juni, erster Besuch Eckermanns bei Goethe. 1829 erste *Faust*-Aufführung (in Braunschweig). Im Jahr darauf 1830 *Dichtung und Wahrheit* dritter und vierter Teil und *Goethes Werke, vollständige Ausgabe letzter Hand,* in vierzig Bänden (begonnen 1827).
am 22. März 1832 Tod Goethes.

KLAUS SCHRÖTER

Geboren am 3. Juli 1931 in Königsberg.
Schriftsteller, Essayist und Kritiker.
Professor für deutsche und vergleichende Literaturwissenschaft an den Universitäten Hamburg, Columbia und Stony Brook/USA. Absolvierte vor der akademischen Ausbildung eine Kaufmannsgehilfenprüfung. Mitglied der Goethe-Gesellschaft Weimar, der Germanistic Society of America New York, PEN.

Buchveröffentlichungen u. a.: *Heinrich Böll*, 1962; *Thomas Mann*, 1964; *Alfred Döblin*, 1978; *Johann Wolfgang von Goethe*, 1983; *Goethe-Lexikon* (mit Helmut Riege), 1983. Langjähriger Herausgeber von Rowohlts Monographien. Klaus Schröter lebt in Hamburg.

IMPRESSUM

Der Text von Goethes Rede erscheint in der Fassung der Hamburger Ausgabe. Hg. von Erich Trunz, Band XII, S. 224–227.

Die Deutsche Bibliothek – CIP-Einheitsaufnahme
Goethe, Johann Wolfgang von:
Rede zum Shakespeares-Tag 1771 / Johann Wolfgang Goethe. Mit einem Essay von Klaus Schröter. – Hamburg : Europ. Verl.-Anst., 1992
(Reden) Enth. außerdem: Johann Wolfgang Goethe, zum Shakespeares-Tag 1771 / Klaus Schröter

ISBN 3-434-50102-9

NE: Schröter, Klaus: Johann Wolfgang Goethe, zum Shakespeares-Tag 1771

Gestaltung: MetaDesign, Berlin
Signet: Dorothee Wallner nach Caspar Neher »Europa« (1945)
Herstellung: DIE HERSTELLUNG, Stuttgart
Satz: Utesch Satztechnik GmbH, Hamburg
Druck und Bindung: Wilhelm Röck, Weinsberg

Printed in Germany